La Revolución y sus perros

GELSYS GARCÍA
La Revolución y sus perros

bokeh ✳

La Revolución y sus perros [2013]

De *Anábasis* [2007]

La Revolución y sus perros

[2013]

$\frac{5}{8}$, $\frac{3}{8}$

El universo en forma de huevo. Las proporciones perfectas, $\frac{5}{8}$, $\frac{3}{8}$. Dadas por un Dios iracundo y amante de la belleza.

Cristo viene a resarcir la forma divina perdida. Su erótica del dolor ha sido preparada como el primer espectáculo de Occidente. Cristo tiene forma de cruz: otras proporciones perfectas.

Pienso, pero no hallo la forma que se avenga a la Revolución. ¿Huevo, cruz, nariz de sarraceno, efigie, arabesco mental, sombra platónica?

Las fronteras

Fronteras trazadas por un niño con un lápiz. Fronteras desdibujadas en un mapamundi del siglo XVI. Fronteras movibles. Frontera del pueblo judío. Frontera mexicana, siempre reescribiéndose. Palitos chinos como marcas limítrofes.

Lady Macbeth y Pilatos

Lavarse las manos. Dos seres arquetípicos asumiendo la postura histórica. Por una parte el prefecto romano que se enjuga el sudor con las manos húmedas. La breve escena del evangelio de Mateo, apenas dos versículos en que las manos se roban el primer plano. Pilatos es solo dos manos. Sin embargo, esas manos de emborronar el latín solo se muestran y se distienden ante nuestros ojos gracias a Bulgakov: el primero en ponerle tantos rostros a Pilatos: los rostros de todos los cómplices silenciosos de Stalin.
Las otras manos que nos aterran —sobre todo por su sentido catártico, porque sabemos que de alguna manera son las nuestras— son las de Lady Macbeth. Manos ataviadas al estilo oriental, manos rumbo a la Siberia, manos prístinas. Las manos de Pilatos y las de Lady Macbeth no han tocado la sangre, sin embargo, la sola intuición, la cercanía, las mancha. La sangre que nos lavan al nacer, que se esmeran en quitar con cepillos y jabón, esa sangre que nos marca nunca puede borrarse. Es nuestro sino. Lady Macbeth y Pilatos lo atestiguan.

Los tres autómatas

Los tres célebres autómatas del siglo XVIII nos parecen burdos hoy, sus mecanismos simplistas. Sin embargo, continúan hablando de condiciones inalterables. El acto de la escritura queda inmortalizado. Nadie duda de que sempiternamente continuaremos escribiendo, no importa sobre cuál superficie ni qué caracteres ni qué código empleemos: en esencia, el acto de escribir será el mismo. Luego está el dibujante: el visionario, la sublimación del sentido visual: alegato de que habrá que seguir mirando en busca de lo que hay debajo. Y finalmente, la figura femenina del conjunto de la que han afirmado los más generalistas que toca el piano y otros con un poco más de especificidad que toca el órgano. En verdad es una clavecinista: ejecutora de un instrumento del que muy poco ya conocemos. Figura que nos fuerza a redefinir el mundo una y otra vez cada vez que escuchamos sus notas.

La santidad (I)

La santidad de la guerra. La de la sangre. No la sangre en sí misma. El derramamiento es el acto de purificación. Santidad menor es la del asceta. La del retardado. La del profeta. La del martirizado. Allí están las vidas de santos, las hagiografías, los onomásticos para corroborarlo.

La santidad (II)

Atlas no era santo, porque era culpable: sin embargo, el mundo sobre su espalda sí poseía la cualidad de la inocencia. Ticio era culpable, pero los buitres que le comían el hígado no: pajarracos de la santidad. Tántalo es culpable; las manzanas y el lago no.

Dédalo es culpable; Ícaro es santo. Agamenón es culpable; Ifigenia no. Edipo y Layo son culpables; y Yocasta también. Son culpables también Eteocles y Polinice, y su hermana Ismene, y su otra hermana Antígona. En el mundo clásico casi todos era culpables y no había problema alguno en ello. La inocencia era causa de repudio, predestinación fatídica.

Espera

En el sueño hay una casa de techo a dos aguas. Tengo el presentimiento de que algo comenzará a caer de súbito. ¿Anfibios? ¿Sangre? ¿Cuerpos desmembrados? ¿Muñecas de plástico? ¿Carne enlatada? ¿Envoltorios de nailon? ¿Periódicos sobre los que alguien ha dormido? Todo el sueño estoy allí mirando. La casa es la Revolución: inmensa, con un falso portón, con cariátides, con bombillos fluorescentes. Y espero todo el tiempo que algo caiga lentamente: como un bautizo o como una profanación, no sé bien. Nunca cae nada, pero sé que en algún momento pasará.

Retrato de familia

Pintar una serie de retratos de familia, en cada cuadro un objeto anacrónico o más bien extraño. Un objeto que de momento cobre protagónico. En un retrato de familia del siglo XVII el padre tiene la mano sobre una calavera, una cabeza humana que sirve de pisapapeles. Y ese objeto es el protagonista del cuadro, no importan ya los niños en tercer plano que se pellizcan ocultos por un claroscuro ni la mirada triste de la madre ni el padre sentado en el centro de la composición. Un objeto que oscurezca el resto de la composición. El verde del uniforme.

Peregrino

Un país que peregrina el año entero. Un camino interminable. Velas, girasoles, rodillas sangrantes, cruces improvisadas, escapularios rústicos, fotos, mechones de pelo, pies descalzos. Nomadismo de la superstición. Un pueblo que cruza de un extremo a otro la isla. Casi 1000 km en dirección Occidente para ver una escultura de yeso de un hombre tullido en una pequeña capilla al lado del leprosorio. Casi 1000 km hacia el Oriente para acceder a otro santuario donde hay una pequeña muñequita ataviada en oro. Un país que va de la lepra y la carne supurante a la joyería, a la corona de diamantes y oro que un Papa mandó ponerle a una dudosa imagen hallada en altamar, una imagen escapada de un naufragio.

No importa en qué dirección se recorran esos 1000 km: en un sitio u otro están los mismos rostros, las mismas velas, continuando esa marcha indetenible que es la Revolución.

Revolución

Revoluciones por minuto. Revolución de terciopelo. De octubre. Húngara. Industrial. Permanente. Mexicana. Pacífica. Naranja. Haitiana. Liberal restauradora. Marginalista. Juliana. Gloriosa. Sexual. Francesa. Científica. La Revolución.

Cuaresma

Marcar cada puerta de la casa con sangre del animal sacrificado. Cada puerta marcada se salvará de la cólera de Yahvé.

«Esta es tu casa, Fidel».

Permutabilidad

En cierto momento tienen lugar inversiones paradó-
jicas. Por ejemplo, las sirenas. Esos seres monstruosos,
pajarracos que revolotean, aves de carroña que asedian a
los marineros, terminan por ser mujeres-peces, sensuales.
El punto en que cielo y tierra, aire y agua, se permutan,
se me hace inapresable.

Siluro (Confesiones de un dictador, I)

El siluro invade todas las reservas. Es una amenaza nacional. Es un símbolo patrio. Es el único país que nos queda. *Mi madre es un pez. Mi madre es una gaviota.*
Mi madre está muerta. Yo soy un gran siluro.

Correspondencias

Si todas las ciudades tuvieran un rasgo diferenciador, una anatomía destacable, como escribiera Émile Zola sobre el vientre de París; si fuera así ¿qué parte le correspondería a La Habana?

Las inefables correspondencias de Baudelaire de las que no podemos escapar.

La Revolución y sus perros

Cachorros. La ciudad y los perros. Perros apaleados. Sarnosos. El de Kidman. Perro viejo. Perros de cetrería. El perrito de Chejov. Ojos de perro azul. El can Cerbero. El coloquio de los perros. El perro de Hogarth.

Las mónadas

Las mónadas siempre me parecieron una invención de Borges, de Alfred Jarry o de Calvino. Curioso que Calvino naciera en las afueras de La Habana. ¿En qué punto dejó de ser cubano para convertirse en un escritor italiano? ¿En algún momento fue cubano —cubano en el sentido de las enumeraciones lezamianas? He aquí la paradoja: Lezama nace en la ciudad, en la capital misma, a unos metros del Malecón y del Paseo del Prado, en una calle con nombre barroco (Trocadero) que viene a ser su sino o que tal parece una invención suya; Calvino nace en el pueblito de Santiago de las Vegas, cerca del santuario de san Lázaro —del sitio a donde peregrina toda la superstición nacional, todos los negros y sus nietos blancos y mulatos que van por su devoción a Babalú Ayé—, y poco conoce de allí, sin embargo, a todo le queda puesto su nombre: una estela como si su presencia hubiera trascendido a dos o tres pasos, a unas palabras emborronadas. Ese fue el dilema: un país que silencia a su gran escritor y que ensalza el accidente —porque eso fue la presencia de Calvino, un azaroso suceso que pudo haber tenido lugar en Guadalupe o en las Islas Marshall.

María Viván

.

No hubo nada que no copiáramos. La epopeya de la tisis de Thomas Mann. La mujer moribunda de los *Poemas póstumos* de Percy B. Shelley. Las viejas sepultadas de los *Cuadros parisinos* de Baudelaire. Fue el preámbulo para nuestra tísica y coqueta María Viván, posando ante la cámara, dejando esa gota de sangre en la fotografía para su amado.

La santidad (III)

San Ernesto de la Higuera. Todo un ritual de flores al agua y un muñeco, falsa ánima del vudú. Un templo en medio de la maleza sudamericana. Una corriente subterránea alimentada por el Amazonas bajo el altar. Cirios encendidos. Velas de colores que vende una vieja ciega a la entrada del templo. Cada vela por un centavo. Cada vela por una plegaria latinoamericana. Y el santo a veces les concede lo pedido —o al menos a ellos les basta creerlo. Y toda la violencia abolida de golpe.

Padre, enciéndame esta vela que se me ha olvidado cómo rezar.

La santidad (IV)

Curiosos casos de santidad que leo en el periódico. Un hombre que sostiene, desde lo alto de un balcón, a la gente en sus brazos; curiosos brazos nunca puestos en cruz. Una joven camarera asaltada en plena noche, vejada, acuchillada, pero sin heridas en forma de cruz. Un borracho que impone las manos y cura las enfermedades cutáneas. Falanges de las manos ya descompuestas en el cementerio. *Ianua sum pacis*. Amén. Tres avemarías y un padrenuestro. Yo te absuelvo. El periódico es una vida de santo.

Domador

El domador es el hombre del futuro. Su profesión nunca morirá. Domar un caballo patrio o cualquier animal enjaulado. Las cartománticas han sido desplazadas por las lectoras del tarot y los psicoanalistas. El médico ha desplazado al curandero y viceversa. El escritor desplazado por el escribiente. El sepulturero, otro sujeto prescindible: un mundo en el que ya no es dado filosofar sosteniendo un cráneo en la mano. Las aduanas son el territorio del miedo, un producto hollywoodense, una cárcel travestida: la prueba fehaciente de que estamos atrapados en el mundo. Sin embargo, en ese mundo mutante es el domador el que permanece inamovible, incólume.

José Martí

Micrófono. Garabato. Muñeco vudú. Maniquí. Un *stencil* cualquiera.

Primavera

¿Primavera, verano, otoño, invierno, primavera…? A la primavera ya no sobreviene el verano. Primavera de Praga. Primavera en Salem.

Donde se desgajan significado y significante, allí se corta la primavera. Cada flor es el macabro encubrimiento del corte: violeta, clavel, lila, crisantemo…

Misa dominical

Y cuando voy a la iglesia ya no es para bajar la cabeza y no mirarle la cara a la mujer que pide algo de comer en la puerta o al negro que canta y apesta pero que también pide dinero. Cuando voy a la iglesia, no es para escuchar al sacerdote contando otra vez la historia de su familia que escapa de un país de África, de un país del que nunca recuerdo el nombre, pero sí al cura negro y a otros dieciséis negros más, a toda su familia, hacinada en una camioneta que siempre imagino blanca. Toda la familia del cura escapando de su país, cruzando la frontera —una frontera que ni ellos mismos saben bien dónde está, pero de la que tienen certeza cuando llegan a ese punto en que no tienen miedo. Y luego esa frontera se convierte en un barrio de viejas y jovencitas emigrantes que trabajan de sirvientas o de damas de compañías. Y cuando voy a la iglesia, el cura africano sonríe. Es el único que sonríe, en una iglesia donde los Cristos y las Vírgenes miran a un lado. El sacerdote africano es feliz y sabe hablar español. Y aquello ya no es una misa ni tampoco un ritual primigenio traído de África y oculto en el cuerpo y la sangre de Cristo, ni ningún sacrificio de un animal, no hay Dios ni otros dioses. Aquello es la eterna puesta en escena del cura que cree escapar de su país africano, de un genocidio, de conflictos de etnias, de algún otro cliché que hemos visto en la tele y que se supone que suceda en África. No es la misa, no. Es el cura todavía conduciendo esa furgoneta, sin encontrar la frontera, mientras mira por el espejo retrovisor las caras famélicas y temerosas de sus hermanos, de sus sobrinas, de su hijo.

Confesionario

Mi confesionario es la caseta del ciego. Le doy 6 euros y me extiende un número. Nunca me decido por un número, y el ciego tampoco quiere hacerlo por mí. Comienza a repetir números en voz alta. Me propone pedir uno que no tiene. Es muy fácil. Todo es digital. Él teclea el número y la pequeña maquinita lo imprime. Sé que ninguno de sus números será el ganador, pero siempre saco las monedas y se las extiendo. Las dejo caer sobre el metal. Una a una. Pero el ciego no las reconoce por el sonido, las toca, las vuelve a contar y finalmente me da mi ticket, mi número para la semana. Lo deja sobre el metal para que yo lo coja, mientras murmura: *Yo te absuelvo.*

Escalera mecánica

Un hombre repara una escalera mecánica en el metro. Allí, abierta, es como un cadáver. Por dentro no es metálica ni brilla. Hay polvo, óxido, animales muertos. La gente pasa y voltea la cabeza con asco. Nadie quiere presenciar con antelación su propia autopsia.

Gandía

En una playa de Valencia, la gente se tiende al sol. Nadie
se moja. Nadie mira las olas. Antes de llegar a la orilla hay
un camino, una tienda de lona blanca y azul. Como en
la película de Tasio, pienso. Y me meto en el mar, pero el
agua no moja.

Recital

Una mujer en el metro recita. Pero no un poema de un autor conocido. Ella ha escrito sus propios versos, fracturados en cada sílaba por artificiales hemistiquios. Sigue cada principio de la retórica. Extiende su vasito de Burger King y no mueve las monedas en el fondo —esa es una técnica de los burdos artistas del metro. Ella es negra. La mujer recita mientras enseña su carné de enferma mental. Todo parece un montaje: una gran marca, un carné, una negra, hemistiquios. Voy a darle una moneda en el momento final, pero me equivoco: su poema no ha terminado. La negra se enfada, grita, se da golpes contra la puerta del vagón, escupe en su vaso, continúa con sus hemistiquios entrecortados por los gritos. Lanzo la moneda al aire. Pero no cae ni cara ni cruz. La moneda no tiene ni cara ni cruz. Es lisa. Es un hemistiquio.

Expreso

Una mujer me pide un café. No tiene ninguna prisa. Me enseña la cicatriz donde le han puesto el segundo corazón. «El segundo», me dice mientras recorre la línea irregular y llena de estrías. Su corazón pesa lo mismo que la taza de café. «Es el segundo», repite la señora. La taza de café es blanca. El corazón es del color de la piel de la señora. Una cucharadita de azúcar para el corazón y una mano para comprobar que el café está caliente. La mujer se queda en la barra mirando el café, en silencio. Sobre las doce, levanta la vista y susurrando me pide que nunca le sirva un segundo café.

Mors, mortis

La muerte nunca me ha asustado. Cuando murió mi madre, vi cómo abrían el hueco en la pared y empujaban el féretro que no cabía allí dentro, y después se caían todas las flores, excepto los lirios que se quedaron prendidos de un clavo. Era el espectáculo de la muerte, nada nuevo, ya lo habían representado los daneses hace siglos. Ahora no hay escena funeraria que no sea la parodia hilarante, sardónica y lamentable de aquella. Después hubo que exhumar a mi madre, para finalmente guardarla en un nailon. Huesitos, las falanges de las manos como cuentas de algún collar, la prótesis de la rodilla como un hierro oxidado, el pelo y las uñas largos. Por eso no me asusta la muerte. Hay algo en ella que crece y que es incontenible: ante lo que nada vale preocuparse.

La muerte

Me trajeron a la morgue. Aquí no hay sábanas para cubrir los cuerpos. Apenas unos trapos amarillentos que les tapan una parte del torso. No hizo falta mirar demasiado, era él, justo como lo recordaba. La muerte era más sencilla de lo que él pensaba, y se murió sin saberlo, o tal vez intuyéndolo segundos antes. No tendré certeza de ello nunca. Cuando salí de la morgue, lejos de apesadumbrarme, o de experimentar tan siquiera un leve dolor o esa sensación de los años perdidos, solo pude recordar las tantas escenas de la muerte que hay en la literatura, las que estudié en la universidad y de las que nunca armé una cartografía que me guiara no en las horas de estudio, sino en mi existencia misma. La muerte de Héctor: el reconocimiento. Su muerte es un largo proceso que no termina hasta que Príamo recupera el cadáver. La muerte de Creúsa y su padre Creonte: contagio, epidemia. La muerte como una prenda envenenada que alguien nos extenderá. La muerte como ceguera vergonzosa: Julio César cubriendo su rostro con una toga. La muerte trascendental: en combate (físico o espiritual) por un reino, por la amada o por algún ideal sempiterno. Muerte y estulticia. Como proceso somático: para Alonso Quijano la muerte es un estado de lucidez. Descomunal e hilarante, simple cuestión fisiológica. Juego agónico, en el que ella de antemano ha ganado la partida. La muerte en vida. ¿Qué si no es el retorno de Cándido a su hogar, junto a la desdentada Cunegunda? El suicidio del joven amante, la vieja usurera que tiene que ser asesinada, la vida como mercancía de canje, la muerte en la cloaca subterránea… Y la muerte como un botón, como una aplicación descargable. El simple *match*.

Muerte constante más allá de la fe

Sobre la fe, las palabras de San Agustín conforman un poema que siempre continúa en el libro siguiente, una metáfora que se multiplica como los panes y los peces. En fin, su valor es puramente estilístico y quizás hasta retórico. Otros toman la fe más que como pretexto escriturario, como autoridad a la que desafiar. Y hay para quien ya nada dice.

Esa divinidad que da su mensaje en 114 azoras tan dispares en su extensión nos lleva a pensar en la confusión de ese Ser, incapaz de hilvanar un discurso coherente o un único estilo propio. Divinidad para nada creíble cuando su más excelso profeta se llama a sí mismo Muhammad, 'Alabado'. Luego, el Dios de los cristianos está envuelto en polémicas mayores: la primera de ellas es la que concierne a lo que realmente es su mensaje: para los protestantes solo 66 libros, para los católicos 73, para los ortodoxos 77 y para la Iglesia Copta 78. En segundo lugar, un Dios que se expresa ya en versos, ya en prosa; que se pinta a sí mismo como iracundo o como el perfecto amador; que lo mismo se deleita en la épica y pide la paz, que condena la lujuria pero que se distiende en cantares eróticos; no es más que el reflejo de un Ser inestable, difuso.

Checkpoint

Budapest es un constructo, la fusión de dos lugares, ese tipo de tándem moderno que vende algún partido o un iluso, y que termina por volverse una falsa verdad. Budapest no es una ciudad, sino dos: separadas por un río (como casi todos los lugares de Europa), por la gente tan diversa de un lado y del otro: separadas por sus nombres.

Budapest es Santa María, Shangri-La, Yoknapatawha, Tártaro, Cipango...

De *Anábasis*

[2007]

Anábasis

Cualquier disquisición es mero ejercicio retórico. Cualquier reconocimiento carece de lógica. Cualquier revelación no es más que una verdad conocida de antemano. Cualquier aporía, una densa atmósfera donde quedar atrapados. Cualquier ruta solo lleva al mismo sitio.

Todo destino es ilusorio.

El acto

Muerta la piedra, los hombres traen las palas. Alguien da la orden y comienzan a cavar. La piedra también ha de tener un hoyo y una caja húmeda, y gente a su alrededor. Los hombres cavan sin cesar. Cavan en medio de los rítmicos crujidos de la tierra y el golpe. Ellos cavan, pero no con sus manos. Los hombres usan máscaras. La gente contempla los rostros. Bajo la luz del mediodía ellos sudan, pero no se quitan las máscaras.

Al atardecer, los hombres terminan el hoyo. Es el fin de las máscaras y todos aplauden felices. Pero la piedra continúa muerta sobre sí misma. Muerto lo que hay en ella. Muerta su muerte violácea.

Condena

El hombre había sido condenado. Todas las mañanas sorbía el café manchado de ceniza de cigarro, tomaba un taxi y miraba por el retrovisor al tipo del asiento delantero. Era ese rostro, el de un desconocido, el de un hombre cualquiera, el que le recordaba la condena. La condena tan solo era un recuerdo durante el día, un vago escalofrío que no le dejaba mirar fijamente el semáforo antes de cruzar la calle. La condena era un plato fuera de sitio en la oficina, un papel sin firma, una mancha que cada vez se extendía más sobre la pared. En la noche, solo en su habitación, preso del insomnio, la condena era el teléfono descolgado, los libros en el sitio exacto del estante, el aire moviendo los carteles y los cuadros. En la noche, la condena era la luz: no la del techo, ni la de la mesa de noche, ni la del apartamento vecino. En la noche, había una luz inextinguible.

Celebración

El tranvía la dejó en la entrada del edificio, el portero
la detalló y la dejó pasar. En el lobby todos los inquili-
nos –que conversaban preocupados– tornaron las caras
para mirarla y se sonrieron aliviados. Luego comenzaron a
murmurar entre sí y el murmullo se tornó ensordecedor y
poco a poco fue entumeciendo el cuerpo de la muchacha.
Después todos hicieron un círculo alrededor de ella y de
la soga, que separaba la recepción de las habitaciones del
primer piso. Los inquilinos tocaron la música del espec-
táculo para que ella no se sintiera sola. Después la soledad
disfrazada y floja.

La presa

El grito me despierta. Hace meses que el cazador puso la trampa en mi ventana. *Es la única manera de atraparla* —me dijo. Pude ver su deseo y su tacto sobre la presa. Desde entonces velé todas las noches por ella, por una señal que me llevara antes, que me condujera al límpido tacto, sin la mano del cazador, sin las otras manos.

Hoy la he escuchado, corro, esquivo objetos; cada mueble me impide alcanzar la ventana. Sostengo la jaula: la presa eres tú mismo.

Búsqueda

El hombre no podía dormir y salió a buscar el final.
Día y noche recorría los parques, preguntaba a la gente,
seguía los carteles y las señales. Todos le aseguraban que
en cierto punto desconocido debían terminar las calles y
las casas, ese punto era el fin.

Era tarde cuando el hombre llegó al borde de la planicie,
abajo estaba el precipicio: el mundo no era redondo. El
final era plano y no lo sostenía ni el albatros ni la tortuga,
sino una silla de esparto.

Expectativa

Estaban en la habitación, sentados en las sillas. La mujer sacó un caramelo y lanzó el envoltorio al piso. Una mosca se posó sobre él y todos miraron de reojo y asqueados los movimientos del animal que cesaron bruscamente cuando el hombre cerró la mano sobre ella.

Luego alguien comenzó a fumar y el humo y la ceniza tomaron distintas direcciones. Rato después, la muchacha infló un globo y lo perforó con un alfiler. La explosión de aire y saliva la hizo reír a carcajadas y sonrojarse.

Al anochecer, el viejo sacó un arete y todos se concentraron en él. La mujer colocó la silla en el centro de la habitación y la joya sobre ella. Ya tenían un punto de mira: la ausencia del otro arete.

En una misma jaula

No tolero los pájaros, ni siquiera dentro de su jaula. En la esquina hay dos dentro de una misma jaula. Gritan sin parar. Los pájaros no gritan, crujen como un balance metálico. No sé cómo alguien puede cuidar de ellos. Antes de llegar a mi casa tengo que escucharlos. Sus plumas amarillas sobre el pavimento. Sus quejidos. Me voy al mar.

En el mar, hay mucha gente. Me siento en un muro. Un pájaro se lanza al agua y emerge. Alguien dice que es un albatros. Albatros. Parece un ave incapaz de crujir, incapaz de romper la noche.

Antes de llegar a mi casa, tengo que escuchar a los pájaros y ya no puedo cerrar los ojos sin que se me clave el ruido como la punta blanca en el brazo. Antes de llegar a mi casa, miro la jaula, no hay graznidos: las dos aves devoran al albatros.

El ave

Anoche un ave gritó en la ventana. Cuando abrí, lanzó el último quejido: *Imago*, y movió las alas. La enterré en el jardín, bajo las orquídeas.

Hoy, al amanecer, un grillo se sujetó de la ventana y murmuró: *Imago*.

Invitación

Me acerco a la mesa. Ya se ha consumado el sacrificio. La niña me da un trozo de carne. Trato de comerlo, pero el pedazo nunca termina. La niña sonríe y mira mi boca roja. Una mujer toma de la mano a la niña y se la lleva. Sobre la mesa queda el resto del animal. Estoy completamente sola.

Artificio

Los ciervos dorados huyeron aquella tarde, se habían cansado de las contorsiones, de la vida del circo. Algunos les dijeron adiós con un suave gesto, otros no supieron qué hacer. El equilibrista se quedó en el umbral de la carpa mirando la ruta que habían dejado los ciervos y estuvo allí durante varios días. Los que estaban cerca pudieron ver su mirada agonizante, luego cómo lentamente se desplomó su cuerpo dorado.

Rapsodia

Redoblan los tambores y cae el hombre, se retuerce en los charcos, se moja como si pudiera sorber el agua o cualquier líquido. El hombre se retuerce y trata de hablar. El redoble de los tambores se hace cada vez más fuerte, y es imposible escucharlo. Alguien silencia a la orquesta y los que están cerca ven cómo el hombre frota sus dos extremidades y surge una melodía semejante a una cuerda rota.

Nadie

La gente golpea el baúl como si tocaran a la puerta.

–Dentro no hay nada: ni trapecio ni equilibrista, ni gente que cae- les digo.

Ellos se empeñan en golpear cada vez más fuerte(como si quisieran romperlo, romperme).

Una vieja también golpea; mas sabe, intuye, que dentro no hay nadie.

Hastiada salgo del baúl y les grito:

–No hay nadie. Nada.

Sueño de una noche de verano

El calor es una mano que me toca. Sé que estoy dormida, por eso dejo que la mano se sumerja entre mis sábanas. Hurga. Arranca. Hala. Tuerce. La mano traza un laberinto. Lo recorre. Lo mancha. La mano se transforma en insectos metálicos. Revolotean. Se pierden en el laberinto. Los busco. Los encuentro. Los sostengo.

Sudo y desaparecen.

Revelación

La mujer parecía mirar a los transeúntes desde la azotea, pero no, ella avistaba un punto distante, un lugar indeterminado. Algunos creyeron que deseaba suicidarse y se quedaron en el borde de la acera a presenciar el espectáculo. Al cabo de varias horas una ambulancia se estacionó cerca del edificio y esperó allí durante dos días. Ya el número de espectadores se extendía a casi toda la población, una interrogante los conmovía a todos: ¿cuándo pondría fin a su vida?

Al anochecer la mujer se quitó las ropas y las lanzó a la superficie. Se hizo el silencio en la multitud, todos esperaban el momento del suicidio, pero la mujer continuó mirando. A lo lejos, desde otra azotea, un hombre desnudo avistaba un punto distante.

De *Vesania*

[2005]

(Búsqueda)

Caminó durante meses o años, no se podía decir con exactitud. A veces se detenía a contar los ladrillos de las paredes. En ocasiones, la gente trataba de descifrar su búsqueda y lo perseguían de un lado a otro del pueblo. Nadie supo a dónde fue después de aquella tarde lluviosa, pero el caminante había encontrado la caja. La colocó en la puerta del edificio principal, dificultando el tránsito de las personas, que con el tiempo se adaptaron a evadirla. La incomodidad se transformó en una vaga admiración: la caja era impresionante por sus enormes dimensiones. Nunca la abrieron ni la tocaron, hasta el día en que un hombre se percató de que podían llevársela por equivocación o robarla, y decidió trasladarla al sótano. Cuando el hombre fue a salir a la calle no pudo traspasar el umbral. Sin la caja era imposible franquear la puerta.

(Belleza)

Dormía en un rincón, la gente le pasaba la mano, le echaban algunas sobras y si ladraba podía obtener un buen premio. Se creía un perro: levantaba la pata para orinar y comía los huesos que encontraba en el cementerio. Una noche lo encontró el sepulturero: había muerto atorado. El viejo estúpido se echó a reír, era el espectáculo más cómico que podía haber visto en toda su vida. Lo llevó al hospital, bajo la luz del cuarto de autopsia lucía hermoso.

(Éxtasis)

Durante toda su vida no tuvo otro deseo que morirse dentro de un pomo de vidrio. Hizo múltiples diseños hasta lograr su ideal. Lo construyó alrededor de su cuerpo y al final se halló dentro de la maravillosa estructura: era un hombre feliz y se sentó a esperar la muerte. Pasó años esperando, y aquella tarde decidió salir. Golpeó el pomo fuertemente pero no pudo romperlo, luego los hombres uno a uno también golpearon el cristal. Lograron hacerle un pequeño orificio, y meses después consiguieron liberarlo. Él se abalanzó feliz sobre la multitud, que ya no le prestaba atención: contemplaban extasiados los trozos de cristal.

(Interrupción)

Terminaron el artefacto. Llevaban meses perfeccionándolo. Los voluntarios se empujaban en la puerta hasta que el hombre eligió a una joven. La muchacha entró en un salón oscuro; a lo lejos se veía una bombilla. Después entró todo el pueblo. Meses más tarde, la gente comenzó a salir. Algunos comentaban que habían corrido tras la luz; otros, que la joven se había acercado lentamente para tocarla, pero alguien abrió la puerta.

(La cuerda)

Nació atado a la cuerda: era lo único que lo ataba al mundo. Algunas veces un hombre arreglaba las vigas del techo para que no se cayeran, y una vieja cuidaba que la silla no se moviera de lugar. Así, el hombre vivió feliz sostenido de la cuerda. En el momento en que la Muerte se lo llevaba, se rompió la soga. Respiró profundamente: «todavía estaba vivo». Se volvió a atar a la soga y entregó su cuerpo a la Muerte.

(Puertas)

Aquella mañana vio pasar a un grupo de gente y los siguió hasta llegar a una puerta. Después pasaron unos turistas y fue con ellos hasta la entrada del hotel; persiguió a un grupo de niñas hasta el portón de la escuela; corrió hasta el pórtico de una iglesia; pero todas las puertas eran iguales o tal vez fue al mismo lugar. No podía saberlo con exactitud, entonces se tiró en la acera; su instinto animal le hacía dar vueltas y revolcarse en el fango.

En ese mismo momento, en otro lugar, un hombre idéntico a él, después de haber corrido toda la mañana, había descubierto que esas mismas puertas estaban condenadas.

(Acordes)

Al principio eran cuatro pedazos de hierro en diagonal, y después la maquinaria. Dividió su cuerpo, lo unió, formó una masa compacta y al final se descompuso. Rota la conexión materia-espíritu, el cuerpo dio vueltas mientras el alma flotaba muy cerca del techo. Días después, el cuerpo accionó la maquinaria y se escuchó la melodía de una antigua canción infantil. Cada vez que los miembros intentaban unirse, la música se volvía más escandalosa. Al final de la tarde se convirtió en una nota desafinada, repetida infinitas veces.

(Melodía)

Una melodía ensordecedora se apoderó del mundo. Nadie sabía el lugar de su origen ni el significado de los chirridos acoplados uno tras otro. Buscaron entre los edificios, pero no encontraron nada. Alguien, entre todo el alboroto, descubrió que el ruido provenía de un hombre, de la esencia de un hombre, y lo atraparon, lo torturaron, lo degollaron. Después se siguió escuchando la música, ensordecedora, pero la humanidad satisfecha retornó a su rutina.

(Gallina mecánica)

A toda hora la vieja cuidaba las gallinas. Padecía insomnio. La veían todo el día sentada en la puerta con la mirada perdida revisando la otra calle, o su pasado, quién sabe... Tal vez esperaba. Algo todos esperamos. La gente comentaba que los animales debían esconder algún misterio. Acaso el mundo no está sumido en el misterio. Las gallinas cruzaron la calle y entablaron amistad con todas las personas. Sin duda, eran unos seres muy sociables. Tiempo después llegaron los vecinos y se quedaron a conversar. La mujer pudo descuidar su tarea, algunas veces cabeceaba: había perdido el insomnio. Al final de una tarde los vecinos se sintieron felices: se encargarían de cuidar a las gallinas, gracias a ellas continuarían la terrible y necesaria cadena del insomnio.

(Magnolias)

Las magnolias se agitaban continuamente con la misma monotonía, cuando un grito ahogado sofocó la mañana, pero las magnolias siguieron su continuo ritmo, y ella tampoco se inmutó.

Las magnolias descansaban encima del televisor, las tres luces del apartamento alumbraban las interminables lomas de periódicos. Ella, sentada en el escritorio, los iba hojeando uno a uno rápida y febrilmente. Ya se había acostumbrado a su nuevo trabajo, aunque algunas veces se quedaba mirando las hojas, tratando de buscar más allá de tantas letras y fotografías: no encontraba nada. Entonces se ponía a contemplar aquellas raras flores y susurraba su nombre con un tono melancólico.

De nuevo volvía a concentrarse en las publicaciones que iba tirando al suelo a medida que las revisaba. Se fue acumulado un bulto que comenzó a mirar preocupada: en lugar de la prensa empezaba a distinguir figuras incomprensibles que se convirtieron en una enorme y deformada magnolia.

Por segunda vez escuchó el mismo grito. Poco a poco logró levantarse, y fue en dirección de las flores. Quería saturarse de su olor, pero las magnolias habían desaparecido. Solo había letras, letras, letras, letras, interminables letras.

(Juguete)

El hombre hizo una rueda y la echó a rodar por la ciudad. Él dibujaba los círculos que el artefacto iba esbozando, y lo impulsaba cada vez que se detenía. Hombre y rueda se hicieron un cuerpo, una masa compacta que daba vueltas alrededor del semáforo. Los habitantes del pueblo presenciaban el maravilloso acto de creación, cuando un niño salió a perseguir una rueda de juguete, y todos desviaron hacia él la mirada. Tal vez la otra rueda no era tan importante.

(La cerca)

Los arquitectos diseñaron la cerca para que delimitara el perímetro del edificio. Luego, unos hombres sudorosos colocaron los ladrillos y el cemento. El muro es ideal para las lagartijas y todos los animales que copulan al mediodía. También al mediodía los habitantes del edificio se asoman por las ventanas y miran extasiados la maravillosa obra de la ingeniería civil. Al atardecer los inquilinos cierran tristemente las ventanas, porque saben –siempre lo supieron– que la cerca impide que se cumpla el teorema de Pitágoras.

(Bienaventuranza)

El aire flotaba sobre el humo que cubría la superficie; después el agua se le unió. Ambos elementos proporcionaban el equilibrio. Un hombre se despegó del suelo y extendió sus brazos, sostuvo la misteriosa fuerza que habitaba los alrededores, y se tendió en la superficie melancólicamente. Tiempo después, otros hombres despegaron sus cuerpos y aullaron a los dos elementos. Era el orden, el olvido... Debían ser felices.

(Maternidad)

Aquella tarde nacieron los hijos de los gatos. La felina los contemplaba orgullosa y lanzó un maullido que chocó con las paredes. Tiempo después los cachorros encerraron al niño en la habitación, para enseñarle a tomar las sobras de la leche y a comer las espinas que se quedaban pegadas al plato. Al final de la tarde el niño se echó a llorar. Entre gritos, apretó el cuello de la gata hasta asfixiarla, y lamió las orejas del animal para saborear la muerte.

Poemas 2003-2005

La mañana

Cada mañana muy temprano se levanta el pastor. Abre la ventana de nailon y mira al horizonte. Después busca sus ovejas y se va. Camina sin cesar hasta llegar al prado de papel. Se recuesta al tronco de un árbol plástico y mira a la lejanía.

Las ovejas mastican la hierba de papel y de vez en cuando se mueven de un lado a otro en busca del pasto más exquisito. El hombre observa cómo el sol de goma va de este a oeste y luego vuelve a fijar sus ojos en la distancia. Al caer la tarde, recoge sus ovejas de papel y se marcha arrastrando sus cansados pies de lata.

El ángel metálico

Al anochecer, el hombre terminó el ángel mecánico. Orgulloso, contemplaba el rítmico movimiento de las alas. Pero, pronto el ángel comenzó a desdeñar su cuerpo metálico y deseó ser un ángel común. El hombre le cambió las alas por otras blancas, como de algodón. El ángel pudo cantar sin los chirridos metálicos, pudo volar y dejar caer algunas plumas. Sin embargo, pronto se cansó de sus alas blancas que se ensuciaban fácilmente. Nuevamente el hombre le quitó las alas, pero esta vez no se las devolvió. Sin las alas, el ángel no podía vivir.

Era el tercer ángel mecánico defectuoso.

Emergencia

Keep glass in emergency. La mujer habla, pero no ha leído el cartel en la ventana. Lo ignora. ¿Y si cayera en ese estado? ¿Y si de momento estuviera *in emergency*? ¿Si hubiera que romper el cristal y un trozo se incrustara en el centro de su voz?

La mujer continuaría hablando palabras rojas, entrecortadas, de cristal.

A un árbol caído

Un árbol caído. Sus raíces fuera de la tierra. A la vista de todos. Al borde de la carretera. Un árbol caído. Como una señal más de las que pasa. 120. Cruce de ferrocarril. Desviación. Pare.

Un árbol caído. Al borde de la carretera. Ya no me dice nada. Es tan solo un árbol más.

Calvicie

Dos hombres calvos se sientan en el banco de una iglesia. La misma línea se dibuja sobre su rostro y les cae sobre el cuello.

Los dos hombres no se miran. No se trazan la línea mutuamente. No aman a sus propios y particulares prójimos. No aman ni a la mujer del otro ni a la suya, ni al hijo del otro. Ni a todos los perfectos desconocidos que son su prójimo.

Los dos hombres son calvos, pero no cantan ni tienen hermanas ni prójimas cantantes. Y ello no es causa de fortuna ni de mala suerte.

Los dos son simétricamente calvos, pero no es algo pensado por alguien más, preparado como un espectáculo de coincidencias. Busca ese espectáculo en otro sitio. En un cabaret. En tu cuarto. En la luz de la mesa de noche. En la voz de la cantante calva.

Dos hombres calvos se sientan en el banco de una iglesia. Uno junto al otro. Y nadie sabe si cantarán algún día.

De *Retratos del cansancio en el espejo*

[2002]

I

Mi madre está cansada de ver el mismo espejo en la pared. Las mismas palmas, y el viejo cofre vacío que el pintor dejó para que cada cual lo llenara con sus cosas. A veces le echa el desaliento que la agobia.

Mi madre está agotada del tiempo, de mis fracasos, harta de las consignas de la vida.

A mi madre, se le han apagado las velas.

II

Siento necesidad de asfixiarme con el humo, manoseo con placer el cigarrillo entre mis manos. Ya no puedo vivir sin que la nicotina se acumule en mi garganta, no sé qué hacer sin este vicio: tal vez un día de estos, acabaría matando a mi madre.

Mis sueños se vuelven un torbellino. Yo también estoy agobiada: de la noche, de las flores del patio, de las sonrisas de la gente, del sol, de la realidad que me invento.

Madre, yo también estoy cansada de mi trozo de guerra.

III

Como siempre, al salir a la calle la vieja de la esquina me ha llamado por signos. Esta mañana he chocado con el cristal del espejo y he visto a mi madre. La vieja gorda está gesticulando con sus grasientas manos. Yo solo asiento con la cabeza y en su rugosa cara se dibuja una sonrisa; pienso en lo dichosa que es. Ojalá a esa edad yo tenga alguien que todas las mañanas escuche mis palabras, pero al amanecer mi frente chocó con el espejo.

La vieja sigue con sus largos soliloquios, nunca habla de su vida, sino de desconocidos. A veces tengo ganas de gritar para no oírla, pero no puedo, sus ojos me penetran como si revisara los recovecos de mi alma, segura estoy que me roba los recuerdos, los más auténticos, los que guardo para mí. Tengo miedo que descubra la grieta oscura que hay en mi alma, aunque a veces mis pájaros vienen a limpiarla, para que no huya del cristal de los espejos.

IV

Nací asfixiada por los edificios, sofocada con el humo de los habanos de mi padre, rodeada de largas tardes de té. A veces me pregunto si nací o si solo soy un engendro de la alocada mente de mi madre, que antes de dormir, dejaba una copa de agua en la orilla de la mesita de noche para guardar la vida, decía que se dormía mejor sin ella, nunca pensó que la vida se le podía ahogar, y una mañana la encontré flotando en la superficie del agua.

V

Hay un límite entre mis ojos y la gente: por eso nunca he logrado ver nada claro, nadie vende la vida y mi madre se quedó sin ella, la vida no es como los habanos de mi padre que se pueden comprar en los puertos de mar; el mar, una vez vi el mar... Detesto las tardes, la radio de la casa encendida, la música estridente, los mechones de pelo deslizándose por mi cara.

Hoy tengo ganas de hablar, de decirle algo a mi padre, qué viejo está mi padre, solo piensa en fumar, es todo lo que ha hecho desde que murió mamá.

¿Y yo qué he hecho en estos últimos años? Solo mirar por la ventana, dormir entre las cuatro paredes de mi cuarto, sentarme en el mismo sillón.

Hay un límite entre mis ojos y la gente.

XII

Nací en un hospital cualquiera. Abertura de doce centímetros. El médico traía guantes de latex, estériles, talla 7 ½. También me cortaron el cordón umbilical. Tijeras stainless steel, tamaño mediano. Nací en 1988, y solo había tierra firme por todas partes. Yo no nací en ninguna isla. Las islas no existen.

El recuerdo

Olvidé el rostro de la luz. Pero hoy la reconocí, me mostró su cabello, igual al mío, podía tensarlo y escuchar un acorde. Luego alguien vio la cicatriz y no quedaron dudas: eran dos muertes iguales que acontecerían en el mismo momento.

Desde hace años espero, mas no el encuentro fortuito, ni la luminosidad. Desde hace años espero el momento: los hombres reunidos alrededor de la luz, con las manos atadas. Sin importarles la noche ni el alumbrado público. Sin recordar que la luz se desvanece antes de que alguien pise su sombra. Sin recordar el antes. Pero es imposible revolver los recuerdos y encontrar la cicatriz y el cabello prendidos de alguna postal, guardados en una cajita. Es imposible volver al recuerdo, volver a mirarse en la luz. Ya no es posible. Recordar es el acto opuesto a unir las manos.

D-a

hacia un punto infinito, se sumergen. y luego A determi-
nada hora del día hacia lo alto, salen miran

Soledad

Como el filo del alma,
empapa la sombra
del súbito despertar de los cuervos.
Toca mis viejos retratos
hasta morir en un canto ahogado,
que siempre termina, pudriéndome las alas.

Sístole sin diástole

Me creció una mañana. Yo sin saberlo. Sin pedirlo. Sin intuir tan siquiera que algo crecía. Crecía, pero no dentro de mí.

Crecía afuera. A la intemperie. Y yo sin saberlo, sin darme cuenta. Hasta que el hombre, bajo la lluvia, me tapó con su paraguas: *Es para que no se le oxide. Para que no se le parta por esa ranura de allí,* me dijo, mientras señalaba ese punto difuso sobre mi blusa.

Lo que usted necesita

Yo solo necesito una receta y la sonrisa de la dependienta de la farmacia. Yo he tomado todas las cápsulas, he consultado el prospecto: *indicaciones, advertencias, posología. Posología* es la palabra precisa para acabar con la soledad. No es áspera. Dice todo lo que tiene que decir, sin dar náuseas. ¿Quién puede sospechar que, tras esa inofensiva palabra, hay una piedra que nunca se ha dejado roturar?

Ahora, la dependienta me mira de reojo y me da el frasco. Ella no sabe que solo necesito la receta y su sonrisa. Ella no sabe que no es verdadera la sonrisa de la muchacha sobre la hierba, ni siquiera son reales los ojos negros, ni lo que miran.

All you need is a prescription.

La línea divisoria que soy

Cuántas veces no he jugado conmigo misma a la línea divisoria. Cuántas veces no he trazado esa raya, casi traslúcida; y, luego de la lluvia, con una tiza mojada con saliva, he escrito mi nombre de un lado y del otro. El mismo nombre. Y no he saltado.

El festín de Babette

Llevo nueve largos días esperando que vuelva a ser domingo. Esperando que mi rostro no le sonría demasiado al microwave mientras la comida se calienta. Esperando que el refrigerador no se descongele y, cada vez que alguien abra la puerta, deje una medialuna de gotas de agua.

Llevo nueve largos días esperando que no se empañe el espejo, si estoy demasiado tiempo encerrada en el baño con la ducha abierta. Solo con la ducha abierta, viendo cómo el agua cae sobre lo blanco, sobre las manchas, sobre el tragante.

Y hoy finalmente es domingo. Hay agua bajo el refrigerador y en la ducha. Hay mucha agua. Pero cuando he visto mi rostro reflejado en el microwave, he tenido un extraño presentimiento. Pero, a tiempo, me ha avisado el microwave que la comida estaba lista.

Anestesia

Son ya 52 operaciones. 104 bulbos de anestesia. La misma pinza esterilizada docena de veces. El mismo hilo roto y vuelto a poner. Hilo que se cose y se descose. Brazo maltrecho, zafado por el centro, por el engranaje del subir y bajar: único brazo que ya no tiene fuerzas para empujar la camilla, una vez más, y traspasar la puerta de las operaciones.

Boceto anatómico

La mano puede matar, asfixiarse, cegar.

La voz tuvo el sonido y la respuesta.

La pierna atravesada por un pasador de hierro. De un lado a otro. Articulación artificio. Las piernas que no le amputaron porque nunca fue a la guerra. La pierna paralítica de los cinco años.

El paladar paralítico, el sinsabor, la saliva.

El ojo inocente. El otro ojo de Dyndimenio. La mirada del bebé de Rosemary. Los ojos que no presienten al desconocido que se acerca.

Husos horarios I (El amanecer / La mañana)

00:00
Un número en el archivo de una iglesia,
En la partida de bautismo, firmada por nuestros abuelos.
Un número de expediente en la clínica dental,
El mismo número para la vida entera.
5, 8 u 11 dígitos.
Permutables números de los que pende nuestra existencia.
Números combinados al azar,
en aparente sinsentido.
Sí, Auschwizst es un estado sempiterno.

2:15 Hora de Tokio
Ergástula es el globo terráqueo.
Un niño juega con él.
Es un sacapuntas.
En Tokio la gente ya no se quiere.
Comen palomitas de maíz.
Sonríen a una cámara polaroid.
Duermen solos.
En Tokio hay carteles.
Mal transcritos al alfabeto latino.
Pero inteligibles.
En Tokio ya nadie se quiere.
Mejor así.

Husos horarios II (En la calle)

7:20 (Hora de Teherán)
Por 60 dracmas un taxi me lleva hasta la Avenida Victoria.
Tengo 20 y unos céntimos.

8:46 am
Camino por una céntrica avenida.
Un hombre pasa a mi lado.
Intenta degollarme.
Los demás transeúntes lo miran.
Y siguen caminando.
Yo también sigo caminando
Cojo un taxi
Y le digo al chofer
Que se apresure
Necesito llegar antes de las 9.

6:20
Campamento militar en la India
En Pakistán
Frontera del pueblo kurdo
Franja de Gazah
Frecuencia modulada

7:00 am
A las siete en punto es como si fuera imposible escapar de
esta plaza de toros que es la existencia.

Semáforos

Primero el tránsito. Un estado transitorio. Luz verde. Amarilla. Roja. Amarilla. La persistencia de la luz amarilla acontece todas las mañanas, pero nadie dice nada. Ha sido como un pacto silencioso entre los transeúntes.

A veces me pregunto por qué cuando la mujer cruza la calle con el perro, en ese justo instante la ola choca contra el muro. Y me disgusta que quizás, al día siguiente, a la misma hora, la ola choque antes o después de la mujer y el perro. Desearía que existiera una eterna conexión entre mujer-perro y ola. Y entonces cambia la luz del semáforo.